パンデミック後の選択

教皇フランシスコ

カトリック中央協議会

目次

聖書の引用は原則として日本聖書協会『聖書新共同訳』（二〇〇〇年版）を使用しました。ただし、漢字・仮名の表記は本文に合わせています。その他の訳文の引用に関しては出典を示していますが、引用に際し、一部表現や用字を変更した箇所があります。

序

マイケル・ツァーニー枢機卿（ＳＪ）

二〇二〇年の初頭、教皇フランシスコは、人類家族に取りついたコロナウイルスによるパンデミックに頻繁に言及していました。本書には、三月二十七日から四月二十二日にかけて語られた、あるいは記された、八つの重要な文書が収録されています。教皇はだれに、どのように語ったのか。何を、なぜいわれたのか――。

これら八文書は、それぞれが発せられる理由を超えて、教皇の一つの考えの展開として、人類に向けた深いメッセージとしてお読みいただけるはずです。この文書集には二つの目的があります。一つは、この人類の危機から生まれうる、よりよい世界を築くための方向性、手掛かり、指針の提言です。二つ目は、これほどの過酷な苦しみと困惑のただ中にあってすら、希望の種を蒔《ま》くことです。教皇はこの希望を、まぎれもなく信仰に置いています。「神がともにいてくだされば、いのちは決して失われないのです」(1)。

ウルビ・エト・オルビでのメッセージから始めたいと思います。ウルビ・エト・オルビは、長い伝統の中でも重要度の高い教皇メッセージです。十七日間の間に二度、教皇フランシスコは、ご自身がその司教であるローマ市(urbi)と全世界(orbi)に向けて語り、祝福を送りました。三月二十七日のものは、サンピエトロ広場での、聖体賛美式を伴う特別な祈りの式という前例のない行事でのものです。四月十二日のものは、伝統的に行われている、復活の主日でのメッセージです。

ウルビ・エト・オルビは、皆で耳を傾けるようにと全人類に呼びかけています。『ラウダート・シ――ともに暮らす家を大切に』(二〇一五年)に「わたしは、この星に住むすべての人に向けて申し述べたく思います」(2)と記し、そして『愛するアマゾン』(二〇二〇年二月)を「神の民と、すべての善意の人へ」向けたようにです。

厳密には二つのメッセージのみに、ウルビ・エト・オルビというあて名(ローマ市民と全世界の民へ）が付されるものの、ＣＯＶＩＤ－19に関する本文書集の全八文書に、ある意味ではウルビ・エト・オルビの特徴が備わっています。これらの文書は、地域ごとさまざまな状況にある民の窮状と苦難を、親密に、心のこもった、熱心で、希望を込めた、教皇らしさをもって語られています。これらの文書に真の普遍性があるのは、ウイルスは区別なくすべての人に脅威であるからだけでなく、ＣＯＶＩＤ－19後の世界が、あらゆる人のことを考慮する世界となるべきだからです。ここに収めた八つの文書には、教皇フランシスコの温かく、非排他的な姿勢が表れています。人々を、個別に価値の優劣を定め、判断し、管理する対象とはせず、一人ひとりすべての人を、人類であり同じ心をもつものとして一つに結ぶ姿勢です。だから教皇は、まさに熱意と分け隔てのない心をもって、すべての人に――身分が高くとも低くとも――よい行いをしなさい、よりよいことをしなさいと迫るのです。できるはずです。なさねばなりません。

「ローマと世界を包むこの柱廊から願います。慰めに満ちた抱擁として、神の祝福が注が

（1）　聖体賛美式を伴う特別な祈りの式でのウルビ・エト・オルビ前のメッセージ「なぜ怖がるのか（二〇二〇年三月二十七日）」、サンピエトロ大聖堂前にて。

（2）　回勅『ラウダート・シ――ともに暮らす家を大切に（二〇一五年五月二十五日）』（*Laudato si'*）25。

れますように」[3]。ウルビ・エト・オルビは、国家首脳や政府、国際的意思決定機関、「指導的立場にある皆さん」[4]、「大多数が後ろに取り残されているのに、……先に行ってい」[5]る少数の特権階級に訴えます。教皇は、「紛争当事者」[6]であり「経済力のある人の食卓」[7]に着く者に問いただしているのです。

「共通善のために精力的に働く責任を負う政治家の皆さんを、力づけたいと思います」[8]――フランシスコはこう明言しており、実際に多くの国が、情報、経験、方策を共有してきました。教皇の感謝と愛はさらに、「市民社会に必要不可欠なサービスのために懸命に働いているかたがた、多くの国で国民の困難や負担の軽減に寄与している警察や軍のかたがた」[9]にささげられています。

この異色のメッセージ集で教皇フランシスコは、普段はその声も姿も目立たない多くの人に聞き、目を向けています。復活祭には、草の根市民運動家と、非公式経済《インフォーマルエコノミー》あるいは民衆経済《ポピュラーエコノミー》活動の団体にあてて記しています。「この文明は見直してダウンシフトし、新たにされなければなりません。皆さんは、もはや先送りできないこの変革に不可欠の担い手です」[10]。また短いメッセージで、「わたしは、ストリートペーパー界に対して、そしてとくにそのほとんどが、ホームレスという、悲しいほどに隅に追いやられ、職のなかった人たちである販売員の皆さんに、親愛を込めて支持を伝えたいと思います」[11]と語ります。そうした人たちを考慮する、しかも深い敬意をもって気遣う文書は、おそらく前例がないと思います。そしてこう続けています。「このところ、もっとも貧しい人に目を向けることで、実際どれだけのことが起きているのか、身の回りの実際の状況がどのようであるのか、その現実に皆が気づくことができました[12]」。

一人ひとりすべての人に、上からでも抽象的にでもなく、直接語りかけることで、教皇フ

（3）「なぜ怖がるのか」。
（4）一般謁見講話「地球規模の問題を乗り越える（二〇二〇年四月二十二日）」。
（5）復活節第二主日ミサ説教「エゴイズム――より悪質なウイルス（二〇二〇年四月十九日）」。
（6）復活祭ウルビ・エト・オルビのメッセージ「新たな炎のように（二〇二〇年四月十二日）」。
（7）草の根市民運動あて書簡「目立たぬ兵士たち（二〇二〇年四月十二日）」。
（8）「新たな炎のように」
（9）同。
（10）「目立たぬ兵士たち」。
（11）書簡「ストリートペーパー関係者へ（二〇二〇年四月二十一日）」。
（12）同。

ランシスコは、父としての愛と思いやりをもって手を差し伸べ、実にさまざまな人の苦痛と犠牲をご自分のものとしていくのです。「いのちの主が、亡くなられたかたをみ国に迎え入れてくださいますように。また、今なお苦しんでいる人、とくに高齢者や身寄りのない人に、慰めと希望を与えてくださいますように。介護施設で働く人、一時収容施設や刑務所にいる人といった、高い感染リスクにさらされている人に対し、主の慰めと必要な助けが欠けることがありませんように[13]」。家族の紹介はさらに続きます。「医師、看護師、スーパーマーケットの従業員、清掃員、介護従事者、配達員、治安当局、ボランティア、司祭、修道者[14]」、そして「習慣を変え、前向きになり、祈りを重ねるといった、何気ない日常の姿を通して、危機に向き合ってそれを乗り切る方法を子どもたちに示している」「父親、母親、祖父、祖母、教師[15]」と挙げていきます。教皇は心を寄せて語ります。「狭く、倒れそうな家に住む人にとって、雨をしのぐこともできない人にとって、在宅要請を守るのはどれだけ大変なことか。難民・移民、自由を奪われた人、中毒からのリハビリ中の人にとって、それはどれほど難しいことか[16]」。「わたしは、人々皆に心を寄せています。とくに女性たち、無料食堂でパンを増やす奇跡をやってのける彼女たちを思います。わずか二玉の玉ねぎと米一袋で子ども数百人のためにおいしい煮込みを作っている彼女たちです。病気の人、高齢の人のことを思います。

ニュースで報じられることはない人たちです。お百姓さんやその家族を思います。自然を破壊せず、生産物の売り惜しみをせず、生命維持に必要なものを投機対象にはせず、食糧を生産するために土地を耕し続ける人たちです」(17)。

さて教皇は何を伝えたのでしょうか。なぜそれを伝えたのでしょうか。高い確率で「各自の利害しか考えない利己主義や、懐古主義への偏重が生まれ、平和的共存と、将来世代の発展を脅かすリスクが生じ」(18)、それに伴って「遅れて背後にいる人々を忘れる危険があります。より悪質なウイルス、無関心なエゴイズムというウイルスに侵されるかもしれない危険」(19)があると訴えるのです。

(13)「新たな炎のように」。
(14)「なぜ怖がるのか」。
(15)同。
(16)「目立たぬ兵士たち」。
(17)同。
(18)「新たな炎のように」。
(19)「エゴイズム――より悪質なウイルス」。

「起きているこの出来事が、わたしたちを内奥から揺り動かすものとなる」[20]ように、そして「一つの家族の一員だとの自覚を皆がもち、互いに助け合」[21]いましょう。「今こそ、不平等を解消し、人類家族全体の健全性を土台からむしばむ不公正を改める時です」[22]。

COVID後の抜本的な変革を準備すべく時が満ちたのです。アルゼンチン人の判事にあてた自筆の手紙で教皇は、「コロナ後への備えが重要です」[23]と強く語っています。また、本書には収録できませんでしたが、最近行われた対談で、イギリス人記者の質問に答えてこう述べています。「すでに、悲惨で痛ましいものとして影響が現れ始めています。ですからわたしたちはそれを、今考えておかなければならないのです」[24]。

同じ人類家族に属する者、ただ一つしかない共通の家の住人であるわたしたちなのに、その危険な利己心はCOVID‐19以上にわたしたちをむしばんでいます。「皆がともに暮らす家が著しく傷つけられていることを理解するためには、事実への率直な視線だけはどうしても必要です。地球を汚染し、そこから略奪し、わたしたちの生命そのものを脅威にさらしてきました。……わたしたちを支える環境を破壊してしまえば未来はない」[25]のです。今わたしたちは、パンデミックに直面することで、もろさのうちに自分たちは相互につながっていることを、強く、明確に実感しました。そして多くの人類が、意志と連帯をもってそのもろさに対応しました。自分たちにはそれができると、わたしたちは変えることができると、今乗っている列車を降り、広範でより長期に及ぶ脅威に決意と連帯をもって対処する、絶えざる回心に向かう時が来たのだと、わたしたちは知ったのです。

経済活動や経済行為についても、振り返るべき時が来ました。パンデミック以前に行われていたことをただ取り戻す、それが明らかな実用的選択だと思えるかもしれません。しかし、なぜよりよいものへと切り替えようとしないのでしょう。なぜ、石油燃料に、単一栽培《モノカルチャー》農業に、熱帯雨林破壊に、それらがわたしたちの環境の危機を募らせていると知りながら、再度

(20)「エゴイズム――より悪質なウイルス」。
(21)「新たな炎のように」。
(22)「エゴイズム――より悪質なウイルス」。
(23) ロベルト・アンドレス・ガラルド氏あて書簡「コロナ後への備えの重要性（二〇二〇年三月二十八日）」。
(24) Austen Ivereigh, *"A Time of Great Uncertainty", An Interview with Pope Francis*, 8 April 2020.（英語版は *The Tablet* [London] と *Commonweal* [New York] に、イタリア語版は *La Civiltà Cattolica* [Roma]、原文スペイン語は *ABC* [Madrid] の各ニュースサイトにオンライン掲載）。
(25)「地球規模の問題を乗り越える」。

投資するのですか。おぞましいほど資源を浪費し、無益な破壊をもたらすのに、なぜ軍需産業を再開するのですか。教皇は「この困難にしっかりと対処すると語りながら、その間にも武器を製造する、政治屋といわれる人々の偽善を案じています」[26]。わたしたちには、世界中の診療所や病院で必要な器具全般をはじめ、病と闘い苦痛を和らげるための、別種の「武器」が確実に必要です。勇気をもって、既存の枠にとらわれない考えへと変えていきましょう。今年ここまでくぐり抜けて来たのですから、今はもう恐れるべきではありません。思い切って新しい道に踏み出し、革新的解決を打ち出すのです。

介護職には、当然、感謝と支援と、そして革新的手法とが必要です。パンデミックによって、介護がいかに根幹を支える必須のものであるかが示されました。しかしながら多くの国では、この分野はないがしろにされています。賃金は低く、病院は人手不足、シフトはきつく、適正な雇用契約や福利厚生もありません。多くの介護職員は、非正規で、「草の根経済での……法の後ろ盾のない仕事」で、「今の状況を持ちこたえるだけの安定した収入はな」[27]いのです。その多くは移民です。介護職よりずっと重要度の低い貢献しかない他分野の社員が膨大な稼ぎを得ているのはどうしてなのでしょうか。さらにいえば、介護職を重んじることは、女性の立場の著しい向上に資することになります。この分野は、女性が数の大半を占めているからです。だからこそ、介護職に携わる人たちが隅に追いやられてはならないのです。さあ、首尾よく行われたウイルス下のロックダウンで実証されたのと同等の敏速さをもって、変化を起こしましょう。

その論理を、非公式経済《インフォーマルセクター》全体に拡大すべきです。「大半の皆さんはその日暮らしで、何ら法的支援も得られずにいます」(28)。それは、ロックダウンの状況下で、ほとんど保護を受けられない労働者です。そのほとんどが、定職をもつ人と同じく不可欠な仕事に従事しているにもかかわらずにです。「露天商、くず拾い、旅興行、小作農、日雇いの作業員、縫い子、幅広い介護分野で働くすべての皆さんです。……ロックダウンにはもう耐えられない」(29)人たちです。教皇がわたしたちに求めるのは、革新に果敢に取り組み、新たな解決法を試みて、新たな道へと踏み出すことです。

未来を見据えて、ＣＯＶＩＤ－19が鮮明に示した数々のしるしを読み取りましょう。今回、

(26) Austen Ivereigh, *"A Time of Great Uncertainty"* 同前。
(27) 「目立たぬ兵士たち」。
(28) 同。
(29) 同。

近所の人、友人、同僚、そしてほかでもない家族と隔てられ、人間どうしの接触が失われたことで、わたしたちは疲弊しきっています。しかも、もっとも残酷なことに、最期を看取ることも、その後ふさわしく追悼することすらできないのです。これから先は、ともにいることを当たり前だと思うのではなく、むしろそれをしっかり味わい、きずなを強める新たな方法を見つけていきましょう。

現今の産業に疑問をもつこと、それを変えていくこと、非公式経済就業者を大事にすること、介護職を支えること、これらは今や公的な課題です。「政府には、技術主義《テクノクラティック》パラダイム（国家や市場を中心に据えるもの）は、今回の危機や、人類を巻き込む別の大きな問題には十分こたえていないことを理解してほしく思います。かつてないほど今こそ、人、コミュニティ、人民を中心に据え、いやしと手当と共有のために団結すべきなのです[30]」。

ＣＯＶＩＤ－19のおかげで、あらゆることは作用し合い、かかわり合っていることを、今はもうわたしたちは理解しています。格差、気候変動、政治の不作為は、だれもを脅かします。変化は、全世界を危険にさらしているパラダイムとシステムにまで及ぶべきだと理解しなければなりません。パンデミック後のわたしたちの生き方は、かつてそうだったもの、それがだれであったとしても、そこから不釣り合いに利益を受けていた人のレプリカであってはならないのです。「もっとも脆弱な者に対して、あわれみを示しましょう。そうすることで初めて、新しい世界を築けるようになるのです」[31]。

ＣＯＶＩＤ－19によりわたしたちは、身勝手さと競争心について考えさせられました。得られた答えはこうです。もしわたしたちが、人や企業や国の間の利害を巡る、手段を問わない、敗者には破滅しかない競争を受け入れる、それどころかそれを求めるならば、勝者は最終的には、他の人とともに敗れるだろうということです。というのも、微細なウイルスから海流に至るまで、さらに世界中の大気、そして淡水の供給といったあらゆる規模において、その構図は維持できないからです。連帯という新たな時代は、すべての人を尊厳という等しい土台に迎え、各人が責任を負い、貢献し、それによって自分も他者も、そして将来世代も豊かになる、そうした時代となるでしょう。

教皇フランシスコは、希望に目を向け直すには、展望と熱意と行動だけでなく、祈りがいかに根本的なものであるか、しかも希望が薄れ失われそうになったときには、なおさらそう

(30)「目立たぬ兵士たち」。
(31)「エゴイズム――より悪質なウイルス」。

であることを明らかにしました。「どれほど多くの人が祈り、犠牲をささげ、すべての人のために執り成していることでしょう。祈りと、ひっそり行われる奉仕――それこそが、わたしたちを勝利に導く武器です」[32]。三月二十七日、教皇は世界とともに行った聖体賛美式の中で、祈るということは何であるかを教えられました。祈るとは、

・耳を開くこと。自分が生きているところで骨を折ること。凪に、静寂に、闇に、雨に目を背けず立ち向かうこと。救急車のサイレンに心騒がせること。

・自分はだれかに頼らずにはやっていけないと知ること。それゆえに、己を神にゆだねること。

・主のなさり方がわたしたち自身に浸透するように、主のからだをじっと見つめること。主がなさったように、人を受け入れ、人に寄り添い、人を支えられるよう、主と対話すること。

・十字架を担い、そうしてイエスとともに、多くの人の苦しみを引き受けることを、イエスから学ぶこと。

・わたしたちの弱さを通して救いが世にもたらされるよう、わたしたちの弱さを身に帯

びてくださったイエスを手本とすること。
・民の救いであり、荒天の海の星である、聖母マリアを見つめること。そして、日々「はい」とこたえられるように、具体的で寛大な心づもりができるように、マリアに教えを乞うのです。

祈りは、現代においていかにして弟子そして宣教者となり、人間とあらゆる被造物が置かれている多様な状況の中で無条件の愛を示せるか、ということに気づかせてくれる道です。その道は、世界に対するこれまでとは異なる見方に導き、そこにある矛盾や可能性を示してくれます。祈りは来る日も来る日も教えてくれます。わたしたちのかかわり、生活スタイル、未来への展望、政治を改め、全人的発展と生の充満に向かうあり方を教えてくれます。ですから、耳を開くこと、じっと見つめて味わうこと、祈ること、これらは格差や排除との闘いに欠かせないものであり、生命維持の選択肢なのです。

教皇フランシスコは、本文書集の読者一人ひとりに、個々のコミュニティや社会に、つま

(32)「なぜ怖がるのか」。

りローマと全世界《ウルビ・エト・オルビ》に向けて語っておられます。「皆さんのために祈ります。皆さんとともに祈ります。父なる神が皆さんを祝福し、その愛で満たし、この道を歩む皆さんを守ってくださいますように。くじけずに立ち続け、失望せずにいられる力を与えてくださいますように。希望する力です(33)」。

Michael F. Cardinal Czerny, S.J.　一九四六年、旧チェコスロバキアに生まれる。一二歳で家族とともに難民として船でカナダに渡る。高校卒業後、イエズス会入会。一九七三年、司祭叙階。二〇一七年より、教皇庁人間開発のための部署の次官補として移住者・難民部門を担当。二〇一九年、枢機卿に叙任。

(33)「目立たぬ兵士たち」。

なぜ怖がるのか

特別な祈りの式におけるウルビ・エト・オルビのメッセージ
二〇二〇年三月二十七日、サンピエトロ大聖堂前にて

「その日の夕方になって」（マルコ4・35）――。先ほど朗読された福音はこう始まります。この数週間は、宵闇が続いているかのようです。深い闇が、わたしたちの広場や通り、町に垂れ込めています。それがわたしたちの生活を奪い、異様な静寂と痛ましい無人の風景がすべてを包み、あらゆるものを動けなくしています。それは気配として感じられます。人々の態度やまなざしもそのことを物語っています。わたしたちは恐れおののき、途方に暮れてい

ます。福音の中の弟子たちのように、思いもよらない激しい突風に不意を突かれたのです。わたしたちは自分たちが同じ舟に乗っていることに気づきました。皆弱く、先が見えずにいても、だれもが大切で必要な存在なのだと。皆でともに舟を漕《こ》ぐよう求められていて、だれもが互いに慰め合わなければならないのだと。この舟の上に……わたしたち皆がいます。不安の中で声をそろえて「おぼれて」（38節）しまうと叫ぶあの弟子たちのように、わたしたちも自力では進むことはできず、ともに力を出すことで初めて前進できるのだと知ったのです。

この物語に自分たちを重ねるのはたやすいことです。難しいのは、イエスの態度を理解することです。弟子たちは、当然のことながら不安におびえ絶望していますが、イエスは、最初に沈み始める船尾にいます。そこで何をしておられるのでしょう。騒ぎの最中にも、御父を信頼してぐっすり眠っておられます。福音書の中で、イエスが眠られているのはこの箇所だけです。目を覚まして風と波を静めると、イエスは弟子たちに向かって厳しい口調でいわれます。「なぜ怖がるのか。まだ信じないのか」（40節）。

ここで考えてみましょう。イエスの信頼とは対照的に、弟子たちの信仰には何が欠けているのでしょうか。弟子たちはイエスを信じるのをやめたわけではありません。現に、イエスに救いを求めています。では、その願い方を見てみましょう。「先生、わたしたちがおぼれてもかまわないのですか」(38節)。かまわないのですか——彼らは、イエスが自分たちのことに関心がなく、気にかけてはいないと思っています。自分や家族がもっとも傷つけられるのは、「わたしのことなど、どうでもいいのでしょう」ということばを聞くときです。それは、心を傷つけ、かき乱すことばです。イエスも心を揺さぶられたことでしょう。イエスほど、わたしたちを大切にしてくださるかたはいないからです。事実イエスは、助けを求められると、絶望している弟子たちを救われるのです。

嵐はわたしたちの弱さを露わにし、偽りの薄っぺらな信頼を暴きます。そうした信頼のもとに、わたしたちは日常の予定、計画、習慣、優先事項を決めているのです。眠り込んでしまったこと、自分のいのちと共同体をはぐくみ、支え、強めてくれるものを忘れてしまっていたこと、嵐はそれを見せつけます。嵐は、あらかじめ「仕立てられた」考え、それによって己の民の魂を豊かにしてきたものを忘れさせてしまう考えを、ことごとく露わにします。一見すると「身を守る」ように思えるものの、自らのルーツに頼ることも、年配者の記憶をたどることもできなくする考えや行動によって、わたしたちを麻痺させる企てです。それは、逆境に立ち向かうために必要な免疫を奪ってしまうのです。

自分のイメージのことばかり考えて、己の「エゴ」をごまかすための常套である化粧は、嵐によって剝がれ落ちます。そして、決して逃れることのできない、あの（恵みの）共通の属性が再び明らかになります。兄弟姉妹だという属性です。

「なぜ怖がるのか。まだ信じないのか」。主よ、今宵《こよい》、あなたのことばはわたしたちの胸を打ちます。わたしたち、すべての者への警鐘です。あなたがわたしたちよりもずっと深く愛しておられるこの世界の中で、わたしたちはすさまじい速さで突き進み、自分たちには力があって何でもできると思い込んできました。貪欲に利益を求め、さまざまなことに忙殺され、急き立てられ混乱していました。あなたの呼び声を聞いても立ち止まりませんでした。戦争や地球規模の不正義を前にしても目を覚まさずにきました。貧しい人の叫び声にも、無残に傷つけられた地球の声にも耳を傾けてきませんでした。病んだ世界の中で、自分たちはいつだってまともだと考え、無関心でい続けてきました。荒波にもまれる今、わたしたちはあなたに切に願います。「主よ、目を覚ましてください」。

「なぜ怖がるのか。まだ信じないのか」。主よ、あなたは呼びかけておられます。信じるようにと呼びかけておられます。あなたがおられることを信じる、それだけでなく、あなたのもとに行き、あなたにより頼むようにとの呼びかけです。四旬節の今、あなたの差し迫った呼びかけが響きます。「回心せよ」、「今こそ、心からわたしに立ち帰れ」（ヨエル2・12）。主はこの試練の時を選びの時とするよう求めておられます。あなたの裁きの時なのではなく、わたしたちの決断の時です。何が重要で、何が過ぎ去るものかをえり分ける時、必要なものとそうでないものとを見分ける時です。主なるあなたに対しての、他者に対しての、生きる道を定め直す時です。わたしたちは、模範となる大勢の旅の仲間に目を向けることができます。不安の中にあっても、自らのいのちを差し出すことでこたえた人々です。勇気にあふれた私心のない献身に注がれてそれを具体化させるのは、聖霊の働きの力にほかなりません。わたしたちをあがない、生かし、わたしたちの生活が市井の人々——忘れられがちな人々——によって織りなされ、支えられていることを示してくださる聖霊のいのちです。そうした人々は、新聞や雑誌の見出しになったり、最新のランウェイに登場することはなくとも、まぎれもなく、この時代の決定的な出来事を今まさに書きつけているのです。医師、看護師、スーパーマーケットの従業員、清掃員、介護従事者、配達員、治安当局、ボランティア、司祭、修道者、そして他の多くの、自分の力だけで自分を救うことはできないと分かっている人々です。人類の発展の真価が問われるこの苦境の中で、わたしたちはイエスの祭司的祈り、「すべての人を一つにしてください」(ヨハネ17・21)に触れ、身をもってそれを味わいます。どれほど多くの人が、毎日辛抱し、希望を奮い立たせ、パニックではなく共同責任の種を蒔《ま》くよう心掛けていることでしょう。どれほど多くの父親、母親、祖父、祖母、教師らが、習慣を変え、前向きになり、祈りを重ねるといった、何気ない日常の姿を通して、危機に向き合ってそれを乗り切る方法を子どもたちに示していることでしょう。どれほど多くの人が祈り、犠牲をささげ、すべての人のために執り成していることでしょう。祈りと、ひっそり行われる奉仕――それこそが、わたしたちを勝利に導く武器です。

「なぜ怖がるのか。まだ信じないのか」。信仰の第一歩は、救いを必要としていることの自覚です。わたしたちは、自分の必要をすべて自分で賄えるわけではありません。独りでは沈んでしまいます。星を頼りにした古代の舟乗りのように、わたしたちには主が必要です。わたしたちのいのちの舟にイエスを招き入れましょう。恐れをイエスにゆだねましょう。イエスはそれを打ち破ってくださいます。イエスが一緒に乗っておられれば、その舟は決して沈まないことを、わたしたちも弟子たちのように体験するでしょう。すべてを、たとえそれが悪い出来事であっても、よいものに変えてくださる――、それこそが神の力だからです。イエスは、嵐の中でもわたしたちに安らぎをもたらしてくださいます。神がともにいてくだされば、いのちは決して失われないのです。

主はわたしたちに、この嵐のただ中で、問いただしておられます。目覚めなさい、どうあっても難破しそうに思える今この時にこそ、強い心と支えと意味を与えられる、連帯と希望を活性化させなさいと、求めておられます。主は、わたしたちの復活への信仰を呼び起こし、燃え立たせるために起き上がってくださいます。わたしたちには錨《いかり》があります。イエスの十字架において、わたしたちは救われたのです。わたしたちには舵《かじ》があります。イエスの十字架において、わたしたちはあがなわれたのです。わたしたちには希望の星があります。イエスの十字架において、わたしたちはいやされ、抱きしめられたのです。ですから、どんなことも、また何者も、わたしたちをイエスのあがないの愛から引き離すことはできません。隔離によって、心の触れ合いや直接会う機会がもてないつらさや、さまざまな物資の不足を味わってはいますが、救いの知らせに、今一度耳を傾けましょう。イエスは復活し、わたしたちのすぐそばで生きておられます。主は十字架からわたしたちに問いただしておられます。これからの生活を考え直すようにと、わたしたちを必要とする人々に目を向けるようにと、わたしたちの中で生きている恵みを深め、感謝をもって受け入れ、生かすようにと。暗くなってゆく灯心を消さないようにしましょう（イザヤ42・3参照）。それは病に冒されることのない明かりです。希望の灯を再びともしましょう。

主の十字架を抱きしめる、それは現在の惨禍のすべてを受け入れる勇気をもつことです。

全能性や所有への焦りをひとたび捨てて、聖霊だけがもたらしうる創造性が働く場を設けるのです。それは、招かれているのだと皆が感じられる場、新たな形態での、もてなし、兄弟愛、連帯を可能にする場を広げる勇気をもつことです。十字架を通してわたしたちは救われました。それは、希望に開かれるように、そしてその希望によって、自分と他者とを守りうるあらゆる方法や手段を確実なものにし、支えられるようになるためです。主を抱きしめることで、希望を抱くのです。それこそが、恐怖から解き放ち希望を与える、信仰の力です。

「なぜ怖がるのか。まだ信じないのか」。親愛なる兄弟姉妹の皆さん。ペトロの堅固な信仰を伝えるこの場所で、今夜わたしは、すべての皆さんを、民の救いであり、荒天の海の星である聖母の取り次ぎによって、主にゆだねたいと思います。ローマと世界を包むこの柱廊から願います。慰めに満ちた抱擁として、神の祝福が注がれますように。主よ、世界を祝福してください。肉体に健康を、心に慰めをお与えください。あなたはわたしたちに、恐れるなと命じておられます。けれどもわたしたちの信仰は弱く、わたしたちは恐れています。それでも主よ、嵐のなすがままに、わたしたちを捨て置かないでください。もう一度おっしゃってください。「恐れることはない」（マタイ28・5）と。そうすればわたしたちは、ペトロとともに、「思い煩いをすべて神にお任せします。神が、わたしたちのことを心にかけていてくださるからです」（一ペトロ5・7参照）。

コロナ後への備えの重要性

ロベルト・アンドレス・ガラルド氏*あて書簡
二〇二〇年三月二十八日付

愛する兄弟へ。

手紙をありがとうございます。だれもが、パンデミックの指数関数的な進行を案じています。その中で、医師、看護師、ボランティア、修道者や司祭など、病者に接し自分のいのちを危険にさらしている人、未感染者を感染から守っている人、そうした多くの人の姿勢から、わたしもさまざまなことを教えられています。自国の住民保護のため、明確な優先順位を設け、見事な措置を講じている政府もあります。確かにこうした措置は、それを守らなければならない人にとっては負担となりますが、必ずや共通善にくみするものであり、最終的には、大半の人がそれを受け入れ、前向きに取り組んでいます。

危機を前にした政府は、このように、政策決定の優先順位を示しています。すなわち、人間ファーストです。ここが肝心です。なぜなら、この状況で国民を保護するなら、経済危機はやむをえないのです。もし逆の選択がなされたなら、ウイルスによるジェノサイドともいいうる多くの人の死という悲劇を招いていたでしょう。

金曜日に、人間開発のための部署と、現状と今後についての話し合いをもちました。コロナ後への備えが重要です。すでに、向き合わざるをえない影響が生じています。飢餓、とくに正規の職に就いていない人々（日雇いなど）の飢えの問題、暴力、高利貸しの出現（間もなく社会を侵す疫病と化すでしょう。これは残酷な犯罪です）など……。

今後の経済についての、ユニバーシティ・カレッジ・ロンドンの教授で経済学者のマリアナ・マッツカート氏による見通しは興味深いものです（*The Value of Everything. Making and Taking in the Global Economy*, New York, 2018）。今後を考えるうえで、この展望が助けになると思います。

お母様に、くれぐれもよろしくお伝えください。あなたのために祈っていますので、どうかわたしのために祈ることを忘れないでください。主からの祝福と、おとめマリアの保護を祈っています。

兄弟からの愛を込めて。

＊ Roberto Andrés Gallardo　一九六四年、アルゼンチン、ブエノスアイレス生まれ。法律家。一九九〇年から二〇〇〇年にかけ個人法律事務所に勤務。二〇〇〇年より、ブエノスアイレス市行政法・税法審判官。二〇〇五年よりブエノスアイレス大学政治学部助教授。二〇一九年、教皇庁科学アカデミー The Pan-American Committee of Judges for the Social Rights and Franciscan Doctrine 初代会長に就任。

新たな炎のように

二〇二〇年復活祭ウルビ・エト・オルビのメッセージ
二〇二〇年四月十二日、サンピエトロ大聖堂にて

愛する兄弟姉妹の皆さん、ご復活おめでとうございます。

「イエス・キリストは復活された!」「主はまことに復活された!」――今日、教会の告げるこのメッセージが全世界に響きわたります。

このよい知らせは、新しい炎のように闇夜にともされました。これまでも、時代のさまざ

まな問題に直面し、そして今、大切な人類家族に試練を課すパンデミックに苦しむ世界の闇夜にです。この夜、教会の声が響きます――「わたしの希望、キリストは復活された！」（「復活の続唱」）。

それは、心から心へと感染する、もう一つの「はやり病」のようなものです。すべての人の心は、このよい知らせを待ち望んでいるからです。「わたしの希望、キリストは復活された！」――これはまさに希望のはやり病です。これは、どんな問題も解決する魔法の呪文ではありません。違います。キリストの復活はそのようなものではありません。そうではなく、悪の根を断ち切る愛の勝利です。苦しみと死を「飛び越える」のではなく、深淵の中で道を切り開き、それらを過ぎ越すことで悪を善に変える、そうした勝利です。神の力だけが、それをなしうるのです。

復活したかたは、ほかのだれでもなく、十字架につけられたかたです。栄光に輝くそのからだには、消えない傷があります。それらの傷は希望が射し込む小窓となりました。苦しむ人類の傷をいやしてくださるよう、まなざしをキリストに向けましょう。

今日、わたしが思いを向けるのは、だれよりも、コロナウイルスに直接襲われた人々です。感染した患者のかた、亡くなられたかた、愛する人の死を悼むご遺族です。最期の別れすらできなかった人もいます。いのちの主が、亡くなられたかたをみ国に迎え入れてくださいますように。また、今なお苦しんでいる人、とくに高齢者や身寄りのない人に、慰めと希望を与えてくださいますように。介護施設で働く人、一時収容施設や刑務所にいる人といった、高い感染リスクにさらされている人に対し、主の慰めと必要な助けが欠けることがありませんように。多くの人にとって、寂しい復活祭となってしまいました。肉体の苦しみから経済的問題に至るまで、パンデミックが引き起こしている死と多くの苦難を味わっています。

この感染症は、人のぬくもりだけでなく、聖体の秘跡やゆるしの秘跡をはじめとする、諸秘跡から注がれる慰めを得る機会をもわたしたちから奪っています。多くの国でそうした秘跡にあずかれなくなっていますが、主はわたしたちを独り捨て置きはしません。わたしたちの祈りに結ばれて、主がわたしたちの上にみ手を置いてくださること（詩編139・5）を確信しています。力強く何度もこういってくださると確信しています。――恐れることはない。「わたしは復活し、あなたとともにいる」（『ミサ典礼書』参照）。

イエス、わたしたちの過越よ。医師と看護師に力と希望をお与えください。彼らは、あらゆる場所で、力の続くかぎり、時には自分の健康を犠牲にしてまで、隣人に対する世話と愛とをあかししています。市民社会に必要不可欠なサービスのために懸命に働いているかたがた、多くの国で国民の困難や負担の軽減に寄与している警察や軍のかたがたにも、わたしたちは感謝を込めて思いを寄せます。

ここ数週間で、数えきれないほど多く人の生活が一変しました。多くの人にとって自宅で過ごすことは、深く考える機会、慌ただしい生活から抜け出す機会、愛する人と一緒に過ごす喜びを味わう機会だったかもしれません。しかしその一方で、見通しが立たないこと、失業の可能性、この危機によるその他の影響から、不安を覚える時となっている人も多くいます。普段の生活を取り戻したときには、だれもが人間らしい品位ある生活を送れるよう、必要な方法や手段を提供し、国民の共通善のために精力的に働く責任を負う政治家の皆さんを、力づけたいと思います。

今は、無関心でいる時ではありません。世界中が苦しんでいて、パンデミックに立ち向かうために結束しなければならないからです。復活したイエスが、すべての貧しい人、社会の周縁で生きる人、難民、ホームレスの人に、希望を与えてくださいますように。世界のあらゆる都市とその周縁に住む、いちばんの弱者である兄弟姉妹が、取り残されることがありませんように。多くの活動が停止し、また医療、そしてとくに適切な保健衛生を得ることがますます難しくなっている今、彼らが生活必需品を手にするための配慮がわたしたちから欠けることがありませんように。現在の状況に配慮し、被制裁国の国民に十分な支援をする手段を妨げる経済制裁が緩和されますように。また、最貧国の収支を逼迫《ひっぱく》させている債務を帳消しにできないのであれば、せめて軽減することで、今現在もっとも必要なことに対応する体制を、すべての国が整えられますように。

今は、エゴイズムの時ではありません。わたしたちが直面している危機は、わたしたちを一くくりにして、この人はという区別をしないからです。コロナウイルスの感染が拡大した世界中の多くの地域の中で、わたしはとりわけ欧州のことを考えます。第二次世界大戦後、この大陸は、それまでの競争を超える具体的な連帯の精神のおかげで復興がかないました。現在の状況においてはなおさら、これまで以上に、その競争を再燃させるのではなく、一つの家族の一員だとの自覚を皆がもち、互いに助け合うことが、切実に求められています。今、欧州連合（EU）は、自らの未来だけでなく全世界の未来がかかった、重大な問題に直面しています。革新的な手段に訴えてでも、いっそう連帯をあかししなければなりません。さもなければ、各自の利害しか考えない利己主義や、懐古主義への偏重が生まれ、平和的共存と、将来世代の発展を脅かすリスクが生じるだけです。

今は分裂している時ではありません。わたしたちの平和であるキリストが、紛争当事者を照らし、彼らが世界のあらゆる地域における全面的即時停戦の呼びかけに応じる勇気をもてますように。今は武器の製造と取引を続ける時ではありません。そこに費やされる莫大な資本を、治療と人命救済に使うべきです。さらに今こそが、愛する国シリアを血に染めてきた長期紛争、イエメンの紛争、そしてイラクやレバノンの緊張状態に終止符を打つ時になりますように。今この時が、イスラエルとパレスチナが、双方の平和的共存となりうる永続的で安定した解決策を見いだすための対話を、再開させる時となりますように。ウクライナ東部の住民の苦しみが取り去られますように。アフリカ諸国で起きている大勢の罪なき人に対するテロ攻撃がなくなりますように。

今は忘れる時ではありません。自分たちが直面しているこの危機を理由に、大勢の人を苦しめている他の緊急事態を忘れることがあってはなりません。モザンビーク北部カーボ・デルガード州のように、深刻な人道危機にあるアジアとアフリカの人々に、いのちの主が寄り添ってくださいますように。紛争、干ばつ、飢餓のために移住を余儀なくされている、多くの難民と移住者の心を温めてくださいますように。その多くが幼い子どもたちであり、耐えがたい環境で生きる多くの移民や難民を、とくにリビア、そしてギリシャとトルコの国境にいる人々を守ってくださいますように。レスボス島のことも忘れません。ベネズエラにおいて、政治や社会経済や衛生の窮状に苦しむ国民に国際的な支援を行き渡らせるための、具体的で速攻性のある解決策が見いだされますように。

愛する兄弟姉妹の皆さん。

無関心、利己主義、分裂、忘却、どれも今は聞きたくありません。どの時代からも締め出したいと思います。不安と死に飲み込まれると、つまり、わたしたちの心と人生における主イエスの勝利を受け入れられないと、これらが優勢になるようです。永遠の救いへの道を開くことですでに死を打ち破られた主が、わたしたち貧しい人間の闇を払い、終わることのないご自身の栄光の日へと、わたしたちを導いてくださいますように。

こうした思いをもって、皆さんに復活祭のお祝いを申し上げます。

目立たぬ兵士たち

草の根市民運動あて書簡
二〇二〇年四月十二日付

愛する友の皆さん。

わたしも参加した、これまでの皆さんの集いのことをたびたび思い出しています。バチカンでの二回と、サンタクルス（ボリビア）での集会です。その「思い出」はわたしの心を温めます。心を皆さんのもとに向かわせ、集会でのさまざまな話し合いを鮮明に思い出させてくれます。話し合いの中から生まれ、広がり、多くが実現したさまざまな夢を思い起こしています。このパンデミックの最中にある今、とりわけ皆さんのことを思い出しています。わたしが皆さんに心を寄せていることを伝えておきたいと思います。

大きな不安と困難の中にあったこのごろ、渦中にあるこのパンデミックに多くの人が言及し、それを戦時に例えています。COVID－19との闘いが戦争であるなら、皆さんはまさに目立たぬ兵士として、もっとも危険な最前線で戦っておられます。連帯、希望、共同体精神のほかには武器をもたない軍の兵士です。独りでは自分を救うことはできないこの状況でこそ、発揮される武器です。過去の集会でも話したことですが、皆さんはわたしにとって、社会を歌う詩人です。忘れられた辺境の地から声を上げ、隅に追いやられた人々が被る喫緊の問題に、高邁な解決策を生み出す詩人です。

わたしは、皆さんがなさってきたことが、ふさわしく評価されていないことを知っています。現行のシステムの中では、皆さんはほとんど目立たぬ存在だからです。市場から落ちてくるはずの恩恵は社会の隅にまでは届かず、国の支援も足りていません。皆さんにも、そのシステムに加わる財力はありません。皆さんは、コミュニティ組織を使って単なる慈善活動を越え出ようとしているとか、経済力のある人の食卓からこぼれるわずかなパンくずを待てばいいのに、あきらめて自分たちの権利を主張するといわれ、警戒されています。彼らが特権を手放さずにいる口実は到底的外れであるにもかかわらず、解消されることのない格差を前にして皆さんは、怒りや無力さを覚えることが少なくありません。にもかかわらず皆さんは、自己をあわれんでばかりいないで、腕をまくって、家族のため、コミュニティのため、共通善のために働き続けておられます。皆さんの辛抱強さにわたしは支えられ、駆り立てられ、大切なことを教えられているのです。

わたしは、人々皆に心を寄せています。とくに女性たち、無料食堂でパンを増やす奇跡をやってのける彼女たちを思います。わずか二玉の玉ねぎと米一袋で子ども数百人のためにおいしい煮込みを作っている彼女たちです。病気の人、高齢の人のことを思います。ニュースで報じられることはない人たちです。お百姓さんやその家族を思います。自然を破壊せず、生産物の売り惜しみをせず、生命維持に必要なものを投機対象にはせず、食糧を生産するために土地を耕し続ける人たちです。忘れないでください。わたしたちの天の父は皆さんを見ておられ、分かっていてくださり、あなたが大事にするものを支えてくださいます。

狭く、倒れそうな家に住む人にとって、雨をしのぐこともできない人にとって、在宅要請を守るのはどれだけ大変なことか。難民・移民、自由を奪われた人、中毒からのリハビリ中の人にとって、それはどれほど難しいことか。皆さんはそうした人たちにじかに寄り添い、彼らの負担を少しでも軽くし、楽になるよう支援しておられます。本当にありがたいことで、心から感謝申し上げます。

政府には、技術主義《テクノクラティック》パラダイム（国家や市場を中心に据えるもの）は、今回の危機や、人類を巻き込む別の大きな問題には十分こたえていないことを理解してほしく思います。かつてないほど今こそ、人、コミュニティ、人民を中心に据え、いやしと手当と共有のために団結すべきなのです。

皆さんがグローバリゼーションの恩恵から除外されていることを、わたしは知っています。皆さんは、良心をひどく麻痺させるのに、それでもその弊害によって苦しむことになる、薄っぺらな快楽に興じてはなりません。あらゆる人を苦しめる悪は、皆さんにとっては二重の打撃となります。大半の皆さんはその日暮らしで、何ら法的支援も得られずにいます。露天商、くず拾い、旅興行、小作農、日雇いの作業員、縫い子、幅広い介護分野で働くすべての皆さんです。草の根経済での、非公式経済《インフォーマルセクター》あるいは民衆経済《ポピュラーエコノミー》の、不安定で法の後ろ盾のない仕事をする皆さんには、今の状況を持ちこたえるだけの安定した収入はなく、……ロックダウンにはもう耐えられない状態です。おそらく今こそ、皆さんがしてくださっている崇高で不可欠な仕事の価値を認め敬意を示すべく、賃金の最低保障額について考えるべきです。それは、権利を奪われた労働者をゼロにという、実に人間的でキリスト教的なスローガンを、確証し実現する給与となるはずです。

そしてまた皆さんには、「パンデミック後」についても考えてほしいのです。やがてこの嵐は過ぎ去るでしょうが、その深刻な被害がすでに感じ取られるからです。お手上げではありません。皆さんには、文化があり、やり方があり、そして何よりも、他者の苦しみを自分のこととして苦しむことのできる力である、特別なパン種で得た知恵があります。皆さんには、わたしたちが願い続けている、多様性をそのままに民を主役とする全人的発展の計画について、それから、皆さんが求め闘っておられるあの「3T」、土地（その作物である食糧も含め）、家、職（tiera, techo, trabajo）をすべての人が手にできるようにすることについて、考えてほしいと思います。

今回の危機が、わたしたちが自分の生活を自分の手に取り戻し、眠っている良心を呼び覚まし、拝金主義をやめて人間のいのちと尊厳を中心にする人間的・環境的回心をする機会となることを願います。わたしたちの文明は、激しい競争と極端な個人主義で、目まぐるしい生産と消費にあふれ、その法外なぜいたく品や莫大な利益はごく一部の人にしか回りません。

この文明は見直してダウンシフトし、新たにされなければなりません。

皆さんは、もはや先送りできないこの変革の不可欠な担い手です。加えて、皆さんが変革は可能だとあかしするとき、その声は説得力のあるものとなるのです。皆さんは、危機や剝奪による苦労を身をもって知っておられます。それをどうにか、慎みと自尊心と熱意と努力と連帯をもって、家族や共同体の生きる希望に変えておられるのです。

粘り強くその闘いを続け、兄弟姉妹として心を配り合ってください。皆さんのために祈ります。皆さんとともに祈ります。父なる神が皆さんを祝福し、その愛で満たし、この道を歩む皆さんを守ってくださいますように。くじけずに立ち続け、失望せずにいられる力を与えてくださいますように。希望する力です。どうかわたしのために祈ってください。祈っていただくことがわたしにも必要なのです。

兄弟からの愛を込めて。

再起計画

雑誌 *Vida Nueva*（新しい生）への書き下ろし
二〇二〇年四月十七日

「突然、イエスが行く手に立ち、婦人たちにこういってあいさつした。「喜びなさい（avete = rejoice）」」（マタイ28・9参照）。これは、マグダラのマリアと母マリアが空の墓を見つけて天使と会った後、復活したかたが口にした最初のことばです。主が婦人たちに現れたのは、その悲嘆を喜びに変え、苦しむ二人を慰めるためです（エレミヤ31・13参照）。このかたは、二人の女性を、そして彼女たちとともに人類すべてを、新たないのちによみがえらせたいと願う、復活した主です。このかたは、わたしたちがいずれ迎える復活に、今からわたしたちをあずからせたいと望んでおられるのです。

喜びなさいという誘いは挑発的で、このCOVID－19の渦中のような深刻な状況下では悪趣味な冗談にすら思えます。エマオの弟子のように、そのことばを無知か無責任の表れと思う人もいるでしょう（ルカ24・17―19参照）。

墓に最初に行った弟子たちのようにわたしたちも、重く先の見えない空気に包まれています。だから、「だれが墓の入り口からあの石を転がしてくれるでしょうか」（マルコ16・3）と考えるのです。完全に打ちのめされているこの状況に、どう向き合えばいいのでしょうか。出来事のあらゆる余波、すでに報告されている深刻な事態、今後生じうることの気配、大切な人を亡くした悲しみと嘆き、どれもがわたしたちを混乱させ、苦しめ、硬直させます。それは、未来に置かれ、そしてそのリアリズムをもって、あらゆる希望を葬ろうと脅かす墓石の重さです。それは、孤独のうちに隔離に身を置く弱者や高齢者の苦悶の重さです。この状況で彼らと食卓を囲むことのできない家族のやるせなさ、疲労困憊した医療従事者と公務員のつらさです。最終宣告が下されたような、あの重苦しさです。

そのような中で、福音の女性たちの姿に光が当てられることには、心打たれます。

婦人たちは、状況を前にしての不安、苦しみ、混乱と、さらには迫害やこれから自分の身に起こりうるあらゆることを思っての恐怖、それらに直面していながら、なお進み続け、その出来事に身をこわばらせて動けずにはいませんでした。師なるかたへの愛から、またあの女性らしいかけがえのない天賦《てんぷ》の才をもって、婦人たちは、自分たちの主であるかたに近づくべく、巧みに障害を避けながら、人生をそのままに受け入れることができたのです。恐怖や不安にとらわれて逃げ出した多くの使徒たち――主を否定し逃げ出した（ヨハネ18・25―27参照）――とは異なり、婦人たちは現実から逃げず、起きたことから目を背けず、逃げも隠れもせず……、そのままでいる、その場にいることができたのです。

初の女性の弟子であった二人は、闇と悲嘆の淵にいながら、香料を詰めた鞄を携え、埋葬された主に油を塗りにいきました（マルコ16・1参照）。今回のことでわたしたちは、この一人の婦人のような、他者に対する責任感から油を塗る、多くの人を知りました。治療にあたる人、他者をいのちの危機から守る人たちです。

わたしたちは、保身のために逃げ出した人のようにではなく、懸命に、犠牲を払って在宅指示を守り続け、そうしてパンデミックを食い止めようとする地域の人たちや家族の姿を目の当たりにしています。

いかに多くの人が、排斥と無関心のパンデミックに襲われてきたか、そしてなお苦しんでいるかに気づくことができました。もがきながら、助け合い、どうにか堪えてきたから、今の状況の苦しみをやわらげることができる（できた）のです。

医師、看護師、スーパーマーケットの従業員、清掃員、介護士、運送業者、警察官、ボランティア、司祭、修道者、祖父母、保育士、その他大勢の、自分にあるものをすべて差し出し、この困難に配慮と安らぎと勇気を届ける気概のある人たちが、油を注ぐのを目の当たりにしました。

「だれが墓の入り口からあの石を転がしてくれるでしょうか」（マルコ16・3）――この問いは変わらないままだとしても、彼らは皆、自分にできると思ったもの、自分がすべきと思ったものを、手を止めずに差し出し続けたのです。そして彼らの仕事と気遣いの中にこそ、あの強烈なメッセージに驚かされた女性の弟子たちの姿があるのです。――「あのかたはここにはおられない。復活されたのだ」。

あのかたに注がれた油は、死者に塗る油ではなく、いのちのための油でした。婦人たちは主を見つめ、主に寄り添い、死の時も、失意の底にあっても、むなしさに飲み込まれることなく、かえって復活したかたに油を注いでいただけるよう歩み出るのです。彼女たちは孤独ではありませんでした。あのかたは生きておられ、二人の行く道を先に行き、導いてくだったからです。

衝撃的なこの短い知らせだけが、すでに墓石が取り除かれていたことを認められずにいさせる空気を打ち破ることができたのです。そうして、あふれ出る香りは、婦人たちを脅かす現実よりも濃く広がっていったのです。

これこそが、わたしたちの行動を変える、喜びと希望の源なのです。わたしたちが施す塗油、献身……、できうるすべての方法による、見守り、寄り添いは、無駄ではありません。無駄にはなりません。死に身を引き渡すこととは違うのです。

わたしたちにとって主の受難にあずかることは、必ず、兄弟姉妹の受難に寄り添うことになります。その受難を自分のものとして身に受けるなら、主の復活の知らせは耳に届きます。わたしたちは独りではない、主は先に行ってくださり、わたしたちを妨害する石を取り除いておられる——、そう告げる知らせです。この喜びの知らせによって婦人たちは、隠れていた使徒と弟子たちを探しに来た道を戻り、「十字架上で断たれ、打ち砕かれ、無きものとされたいのちが、呼び覚まされ、再び脈打ち始めた」(Romano Guardini, *Der Herr*)と伝える力を得たのです。これこそが、わたしたちの希望です。奪い取られることのない、封じることが不可能な、汚されることのない希望です。このような状況の今、皆さんがささげた奉仕と愛というういのちのすべては、再び鼓動を打ち始めるでしょう。主がわたしたちに注ごうと願っておられる油が注がれるための、わずかな隙間を作ればよいのです。そこから油はとめどなく広がり、わたしたちは新たな目で、苦しみの現実を見つめられます。

福音の婦人たちのようにわたしたちもまた、来た道を引き返しなさい、あの知らせによって自分を変えていただきなさいと、繰り返し呼びかけられています。主は、ご自分の新しさによって、わたしたちの生活と共同体をつねに刷新することができるのです（教皇フランシスコ使徒的勧告『福音の喜び（二〇一三年十一月二十四日）』11［*Evangelii gaudium*］参照）。嘆きにあふれたこの地で、主は美の再生と希望の回復にご自身をささげておられます。「見よ、新しいことをわたしは行う。今や、それは芽生えている。あなたたちはそれを悟らないのか」（イザヤ43・19）。神は決してご自分の民を見捨てはしません。いつでも、苦しみが強まるときにはなおのこと、その民のそばにいてくださるのです。

今回のことを通して学んだことがあるとすれば、それは、自分で自分は救えないということです。わたしたちが脆弱《ぜいじゃく》にできていることを明かしたあのごく微小な存在（訳注：ウイルス）を前に、境界線は消え、囲いは崩れ、原理主義者の言説はすべてかすんでしまいます。

復活祭はわたしたちを呼び覚まし、控えめで丁重で、寛容で和解に導く存在、傷ついた葦を折ることもなく、暗くなっていく灯心を消さないかた（イザヤ42・2―3参照）、主の存在へと招きます。主がわたしたち皆に与えたいと望む、新たないのちの鼓動が生まれるようにです。それは、わたしたちの前に立ちはだかる、途方もなく大きな、後回しにはできない課題を前にして、わたしがおりますといえるよう、地平を開き、創意を呼び覚まし、兄弟愛に再び目覚めるようにと促す聖霊の息吹です。歴史の具体的なこの瞬間に主が生み出そうとしておられる新しいいのちをあかしし、他者と手を携えて、その道筋を示しうるダイナミズムを起こすために、聖霊の鼓動を見極め見いだすべき緊急事態です。この事態は、神がくださった好機です。神はわたしたちに、周りに流されたり、自分たちのことだけで満足したりせず、この経験の影響や深刻な結果を食い止めるための代替あるいは一時しのぎの論理によって自己を正当化しないよう望んでおられます。今こそ、可能なかぎり、福音だけが与えうる現実感のある想像力をもてるよう、勇気を出すにふさわしい時です。一時的であろうとなかろうと、枠や型にはめられ、自由が奪われたり利用されたりすることを嫌う聖霊は、「万物を新しくする」（黙示録21・5）ご自分の働きに、わたしたちを加えようと招いておられます。

わたしたちは今回、「人類家族全体を一つにし、持続可能で全人的《インテグラル》な発展を追求する」（教皇フランシスコ回勅『ラウダート・シ――ともに暮らす家を大切に』13［*Laudato si'*］）ことが重要だと気づきました。よくも悪しくも、一つ一つの行動は、それで完結する独立したものではありません。わたしたちがともに住む家（訳注：地球）では、すべてのことが相互に結びついていて、必ず他に影響するからです。在宅要請をするのが保健局であるなら、協力によってパンデミックを抑え込むという認識でそれを実行しうるのは人民です。「COVID－19のような緊急事態は、まず何よりも連帯の抗体をもって克服される」（教皇庁生命アカデミー「グローバル・パンデミックと普遍的同胞愛――COVID－19緊急事態に関する覚え書き（二〇二〇年三月三十日）」30）のです。ここから学ぶのは、これまで何の疑問ももたずに受け入れてきたであろう運命論を徹底して打ち破ること、そうして、わたしたちは共通の歴史の作者であり主役であるとの自覚に目覚め、世界中であまたの人を苦しめるあまりにも多くの悪に、ともに立ち向かえるようになることです。これほど多くの人の苦しみに背を向けたまま、今とこれからの歴史を記していくわけにはいかないのです。主はわたしたちにもう一度、「お前の弟は、どこにいるのか」（創世記4・9）と尋ねるはずであり、わたしたちの答え次第で、兄弟である民の魂を明らかになさるでしょう。それこそが、希望と信仰と愛を抗体にもつ者です。わたしたちはそのような者として生まれましたが、長い間、わたしたち自身で麻酔をかけ、沈黙してきたのです。

　わたしたちが一つの民として行動するならば、脅威となる別の感染症に対しても、具体的な影響を与えることができるはずです。食料はすべての人に十分なだけあるのだということを認識し、これほど多くの人が苦しむ飢餓に対する責任ある行動をとれますか。支配欲と権力欲にまみれた戦争に、口をつぐむという共犯をなし、目を背け続けるつもりですか。多くの貧困を生み出すような生活様式を改めようとは思いませんか、そして、資源の公正な分配のために、より質素で人間らしく生活する勇気を奮い起こそうとは思いませんか。国際社会として、環境破壊を食い止めるに必要な措置を講じますか。それとも数々の兆候を無視し続けますか。無関心のグローバリゼーションは、わたしたちをその歩みにおいて危険にさらし挑発し続けます。どうかわたしたちが、正義と愛と連帯という必須の抗体を見いだせますように。愛の文明という、今とは違う生き方を恐れないでください。それは、「希望の文明です。苦しみや恐れ、悲しみや落胆、受け身や無気力と闘う文明です。愛の文明は、毎日こつこつ築かれるのです。あらゆる人の、献身的努力が必要です。ですから、兄弟姉妹による熱心なかかわりをもった共同体が必要なのです」(Eduardo Pironio, *Diálogo con laicos*, Patria Grande, Buenos Aires 1986)。

試練であり死を悼む日々の今、どこにおられても、イエスを味わうよう願っています。あなたに会いに来られ、「喜びなさい」（マタイ28・9参照）とあいさつするイエスを。このあいさつに心揺さぶられ、神の国の福音を告げ広める者となれますように。

エゴイズム――より悪質なウイルス

復活節第二主日（神のいつくしみの主日）説教抜粋
二〇二〇年四月十九日、サントスピリト・イン・サッシア教会にて

愛する兄弟姉妹の皆さん。乗り越えようとしているこの試練の中で、わたしたちもまたトマスのように、不安と疑いを抱きながら、自分たちの弱さを痛感しています。わたしたちには、弱さの向こうにわたしたちがもつ、抑えがたい美を見てくださる主が必要です。そのかたによってわたしたちは、弱さを抱えながらも、自分のかけがえのなさに気づかされたのです。わたしたちは、壊れやすくも貴重な、美しいクリスタルのようなものです。クリスタル

のようならば、主の前にあってその光、あわれみの光を透過させて示し、自らの内に光を輝かせ、己を通して世を照らすわたしたちであるはずです。それゆえペトロの手紙がいうように、わたしたちは「心から喜んでいるのです。今しばらくの間、いろいろな試練に悩まねばならないかもしれませんが」(一ペトロ1・6)。

神のいつくしみの主日の今日、最高にすばらしい知らせがトマスからもたらされました。トマスは遅れて来た弟子です。いなかったのは彼だけでした。ですが主は、トマスを待っておられたのです。あわれみは、遅れて来る人を見捨てたりはなさいません。パンデミックからの遅々とした困難な回復を待っている今は、遅れて背後にいる人々を忘れる危険があります。より悪質なウイルス、無関心なエゴイズムというウイルスに侵されるかもしれない危険です。自分にとってよければ生活が改善しているという考え、自分にとってよければすべてよしという考えによって拡散されるウイルスです。そこから始まり、とどめは、人を選別し、貧しい人を切り捨て、発展という祭壇に後進の者を犠牲として供するのです。ですが、今回のパンデミックが思い出させてくれるのは、苦しむ人の間には、違いも隔たりもないということです。わたしたちは皆弱く、どこも変わることなく、だれもが大切な存在です。起きているこの出来事が、わたしたちを内奥から揺り動かすものとなるよう期待します。今こそ、不平等を解消し、人類家族全体の健全性を土台からむしばむ不公正を改める時です。使徒言行録に描かれている初期キリスト教共同体から学ぼうではありませんか。あわれみを受け、あわれみを携えて生きた、あの共同体です。「信者たちは皆一つになって、すべての物を共有にし、財産や持ち物を売り、おのおのの必要に応じて、皆がそれを分け合った」（使徒言行録2・44―45）。これはイデオロギーなどではありません。それがキリスト教なのです。

その共同体では、イエスの復活後、遅れていた一人を除いて皆がイエスを待っていました。現代は、それとは逆のように見受けられます。大多数が後ろに取り残されているのに、少数の人類が先に行っています。だれもがいいます。「問題が複雑すぎます。困っている人の面倒を見るのはわたしではありません。だれかがしっかり考えて」と。聖ファウスティナは、イエスとの出会いを経て次のようにつづっています。「苦しんでいる霊魂のうちに、わたしたちは十字架につけられているイエスを見るべきであり、怠け者とか、共同体の重荷だとか見なすべきではありません。……〔主〕あなたはわたしたちにいつくしみのわざを実践する機会をお与えになるのに、かえって、わたしたちはその機会を裁くために利用しています」（一九三七年九月六日の日記『わたしの霊魂における神のいつくしみ――聖ファウスティナの日記』ユリアン・ルジツキ、相原富士子訳、聖母の騎士社、二〇一一年、四九三頁）。もっとも、ファウスティナ自身あるときには、あわれみを示せば甘い考えの持ち主だと思われるといって、イエスに愚痴をこぼします。「主よ、でも、彼女たちはたびたびわたしの親切を悪用します」。するとイエスは「それはどうでもよいことだ。それはあなたにまったく関係がない。あなたに関しては、他の人々に対して、……つねにいつくしみ深くありなさい」（一九三七年十二月二十四日の日記〔同前五五二頁〕）といわれました。だれに対しても――。自分たちだけの利益、一部の人の利益だけを考えてはなりません。この試練を、だれ一人切り捨てることなく、すべての人の未来を用意するチャンスとしましょう。包括的展望がなければ、だれにとっての未来も描けないからです。

今日、イエスの穏やかで無防備な愛が、弟子の心によみがえります。わたしたちもまた使徒トマスのように、世の救いであるあわれみを受け入れようではありませんか。そして、もっとも脆弱《ぜいじゃく》な者に対して、あわれみを示しましょう。そうすることで初めて、新しい世界を築けるようになるのです。

ストリートペーパー関係者へ

二〇二〇年四月二十一日付書簡

わたしたちの世界に以前よりある、数え上げれば切りのないさまざまな困難を抱える中で、パンデミックにより逼迫《ひっぱく》した多くの人の生活は一変し、苦しい試練の最中にあります。もっとも被害を受けやすい弱者、存在自体を無視されている人、住む家をもたない人が、いちばん大きな代償を払っています。

ですからわたしは、ストリートペーパー界に対して、そしてとくにそのほとんどが、ホームレスという、悲しいほどに隅に追いやられ、職のなかった人たちである販売員の皆さんに、親愛を込めて支持を伝えたいと思います。そうした雑誌・新聞を販売することで、それを職として暮らす、世界中の大勢の人たちです。

イタリアにあっては、百三十人以上もの人に収入を得られるようにし、それによって基本的な市民権をもてるようにした、カリタスの事業、*Scarp de' tenis*（訳注：ミラノ教区のカリタス事業として一九九四年に始まるストリートペーパー）のすばらしい経験のことを思い起こします。ほかにもあります。世界三十五か国で二十五の言語で発行されているものや、世界中で二万五百人ものホームレスに職と収入をもたらしているものなど、百を超えるストリートペーパーが心に浮かびます。何週もの間、ストリートペーパーは販売されておらず、販売員は働けずにいます。ですから、記者やボランティア、この事業によって暮らしている人々、そしてこの期間に、数々の画期的なアイデアで可能なことをすべてやってみようとしているかたがたに、連帯の意を表したいと思います。パンデミックによって皆さんの仕事は難しくなりましたが、それでもわたしは、ストリートペーパーの偉大なネットワークは、これまで以上に力強くなって戻ってくると確信しています。このところ、もっとも貧しい人に目を向けることで、実際どれだけのことが起きているのか、身の回りの実際の状況がどのようであるのか、その現実に皆が気づくことができました。わたしからの励ましと友愛のメッセージをすべての皆さんにささげます。皆さんの働き、皆さんが提供してくださる情報、伝えてくださる希望の物語に、感謝しています。

地球規模の問題を乗り越える

第五十回アースデイについての一般謁見講話抜粋
二〇二〇年四月二十二日

愛する兄弟姉妹の皆さん、おはようございます。

今日は、第五十回アースデイです。わたしたちがともに住む家を愛し、その家と、もっとも弱い立場にある家族の世話をする、その責任の自覚を新たにするよい機会です。コロナウイルスによる悲惨なパンデミックが教えてくれたように、グローバルな課題の克服を可能にするのは、互いに連帯を示し、もっとも傷を負いやすい人を中心にした社会を作ることだけです。回勅『ラウダート・シ』には「ともに暮らす家を大切に」という副題があります。今日は、「わたしたちの地上での滞在」（回勅『ラウダート・シ――ともに暮らす家を大切に』160［*Laudato si'*］）を特徴づけている責任について、一緒に考えてみましょう。

わたしたちは、土から作られたもの、いのちを支える大地の実りです。ですが、創世記がいうように、「地上のもの」であるだけではありません。自らの内に、神がもたらすいのちの息を備えています（創世記2・4―7参照）。つまりわたしたちは、ともに暮らすこの家に、一つの人類家族として、神の他の被造物との生物多様性の中で生きているのです。神の像（imago Dei）としてわたしたちは、あらゆる被造物を世話し大切にして、自分たちの兄弟姉妹への、とくにもっとも弱い人への、愛と思いやりをはぐくむよう求められています。独り子イエスにおいて明かされた、わたしたちへの神の愛を模範として、そうするのです。

わたしたちは利己心から、地球を保護し管理する者としての責務を怠ってきました。「皆がともに暮らす家が著しく傷つけられていることを理解するためには、事実への率直な視線だけはどうしても必要です」（同61）。地球を汚染し、そこから略奪し、わたしたちの生命そのものを脅威にさらしてきました。それゆえ、自分たちの意識改革のために、世界規模や地域レベルでのさまざまな活動が生まれたのです。そうした活動に、深く感謝します。わたしたちを支える環境を破壊してしまえば未来はないという、明白な事実を子に教えるためのさまざまな試みは、なおも必要です。

わたしたちは自分たちの園である家、地球を守ることを怠り、兄弟姉妹への配慮を怠ってきました。地球に対して、隣人に対して、つまるところ、創造主——すべての人を養ってくださり、分かち合いをもって暮らし、皆で栄えることをわたしたちに望んでおられる、優しい御父——に対して罪を犯してきたのです。

地球との、そして自分以外の人間との、調和ある関係をどうしたら取り戻せるでしょうか。ともに暮らす家に対する、別の見方が必要です。いいですか。地球は搾取してよい資源の貯蔵庫ではないのです。わたしたち信者にとって自然界は、人間生活を形成し、世界とそこにあるものを、人間を養うべく存在せしめる神の創造の力を物語る「創造の福音」です。聖書の創造物語を締めくくることばのとおりです。「神はお造りになったすべてのものをご覧になった。見よ、それはきわめてよかった」(創世記1・31)。

アースデイという今日の記念日に、わたしたちは地球に対する畏敬の念を新たにするよう求められています。地球はわたしたちの家であるだけでなく、神の家でもあるからです。それにより、聖なる大地に立つ者という意識が、いっそう強くなるはずです。

愛する兄弟姉妹の皆さん。「神が授けてくださった美的感覚と観想力を目覚めさせましょう」（教皇フランシスコ、シノドス後の使徒的勧告『愛するアマゾン（二〇二〇年二月二日）』56〔*Querida Amazonia*〕）。観想における預言のたまものは、とくに先住民から学ぶところが多いものです。愛し尊ぶことなしに地球の回復の世話はできないと、彼らは教えてくれます。

さらにわたしたちには、具体的な行動をもって示されるエコロジカルな回心が必要です。一つの、相互に支え合って成る家族として、共通の家に対する脅威を回避するための共同計画が必要です。「相互依存関係は、一つの計画を共有する一つの世界を思い描くことをわたしたちに義務づけます」（『ラウダート・シ』164）。わたしたちは、ともに暮らす家を守るために、国際社会として協力することの重要性を認識しています。指導的立場にある皆さんに強く訴えます。二つの重要な会議に真摯に取り組んでください。中国の昆明《こんめい》で行われる生物多様性についての会議（COP15）と、英国のグラスゴーでの気候変動に関する会議（COP26）です。

わたしはまた、各国や各地域の規模で行われる具体策も奨励しています。社会の階層にかかわらず、すべての人が結集し、「下から」の民衆運動を生み出せればとの期待が高まります。今日記念しているアースデイは、まさにそうして生まれたものです。わたしたちはそれぞれ、わずかでも自分なりの貢献ができます。「こうした努力では世界は変えられないだろう、と考えてはなりません。そうした努力は気づかれないこともしばしばですが、目には見えずとも必ず広がるであろう善を呼び出すがゆえに、社会にとって益となります」（同212）。

刷新の時である復活節の今、わたしたちの共通の家である地球という美しい贈り物への愛と敬意を、そしてわたしたち人類家族のすべての成員に対する思慮を誓いましょう。兄弟姉妹として、わたしたちの天の御父に、ともに祈り求めましょう。「主よ、あなたの息を送り、地の面《おもて》を新たにしてください」（詩編104・30参照）。

【付録】

以下に掲載する二つの祈りは、二〇二〇年の五月のロザリオの月を迎えるにあたり、四月二十五日付で発表された「すべての信者に送る手紙」に添えられたものである。

マリアへの祈り　一

聖マリア、
あなたは救いと希望のしるしとして、
いつもわたしたちの歩みを照らしておられます。
病人の希望であるあなたに信頼して祈ります。

あなたは十字架の下で、揺るぎない信仰をもって、
イエスと苦しみをともにされました。

「ローマ市民の救い」* であるマリア、
あなたはわたしたちに必要なものをご存じです。
わたしたちはあなたがそれを与えてくださると信じています。
ガリラヤのカナでなさったように、
この試練の後に喜び祝う時が再び訪れますように。

愛である神の母マリア、わたしたちを助けてください。
わたしたちが御父のみ心にこたえ、
イエスのことばに従って生きることができますように。
イエスはわたしたちの苦しみをその身に負い、
わたしたちの悲しみを引き受け、
十字架を通して、

わたしたちを復活の喜びに導いてくださいます。
アーメン。

神の母聖マリア、
あなたのご保護により頼みます。
苦難のうちにあるわたしたちの願いを聞き入れてください。
栄光に輝く幸いなおとめよ、
あらゆる危険から、いつもわたしたちをお救いください。

＊訳注：教皇司式の典礼で用いられる聖母子のイコンの名称 Salus populi Romani から取られた表現。
このイコンはこれまでも、疫病の終息を願って祈りをささげる機会に用いられている。

マリアへの祈り　二

「神の母聖マリア、あなたのご保護により頼みます」＊

神の母、わたしたちの母マリア、
全世界が苦しみと不安に襲われているこの過酷な日々の中で、
あなたのご保護により頼み、助けを求めます。

おとめマリア、
新型コロナウイルスの世界的大流行のただ中にあるわたしたちに、
あわれみの目を注いでください。
愛する人を亡くした悲しみに打ちひしがれている人、
亡くなった人を大切に葬ることもできずに涙を流している人を慰めてください。
感染した大切な人を案じながらも、
感染の拡大を防ぐために、寄り添うことのできない人を支えてください。

将来が見通せず、収入や仕事への影響に不安を抱く人に、
希望をお与えください。

神の母、わたしたちの母マリア、
わたしたちのために、いつくしみ深い父である神に執り成してください。
この大きな苦しみが終わりを迎え、
希望と平和を新たに見いだすことができますように。
カナの婚宴でなさったように、御子に取り次いでください。
患者の家族や遺族が力づけられ、
その心が信頼へと開かれますように。

この危機の最前線で、いのち懸けで人命救助に当たっている
医師、看護師、医療従事者、ボランティアをお守りください。
勇気を奮って力を尽くすこのかたがたを励まし、
力と惜しみない心と健康をお与えください。

病者を昼も夜も見守る人々、
牧者の心で福音に従い、
一人ひとりを助け、支えようとする司祭たちに寄り添ってください。

おとめマリア、
科学者の心に光を注いでください。
このウイルスに打ち勝つ効果的な方法を見いだすことができますように。

各国の指導者を支えてください。
知恵と配慮と惜しみない心をもって、
生活に必要な物にも事欠く人々を助け、
将来への展望と連帯の精神をもって、
社会的、経済的な対策を講じることができますように。

聖マリア、
わたしたちの良心を突き動かしてください。
軍備拡張のために費やされる莫大な費用が、
将来このような悲惨な出来事を繰り返さないための、必要な研究に使われますように。

愛する母マリア、
すべての人とのつながりにわたしたちが気づき、
ただ一つの大きな家族の一員であるという思いが、
世界に広がるようにしてください。
愛と連帯の精神をもって、
貧困や悲惨な境遇の改善に役立つことができますように。
信仰を堅く守り、粘り強く奉仕し、たえず祈る者としてください。

悩み苦しむ者の慰めであるマリア、
苦しむあなたのすべての子らを抱きしめてください。

神が全能のみ手を差し伸べ、
この恐ろしい感染症の大流行からわたしたちを救ってくださるようお祈りください。
普段どおりの穏やかな生活を取り戻すことができますように。

聖マリア、
救いと希望のしるしとしてわたしたちの道を照らしてくださるあなたに、
この身をゆだねます。
おお、いつくしみ、恵みあふれる喜びのおとめマリア。
アーメン。

＊訳注：伝統的祈りである「終業の祈り」の冒頭。かつては「天主の聖母のご保護によりすがり奉る」と祈られた。

あとがき

本書はバチカン出版局（Libreria Editrice Vaticana）より刊行された*Life After the Pandemic*の全訳です。オリジナルの書籍が刊行されたのは二〇二〇年六月ですが、先行してPDF版がウェブサイトで公開されました。翻訳にあたっては、その英語版からの訳出を基本とし、適宜スペイン語、イタリア語のテキストも参照いたしました。

原題を直訳すれば「パンデミック後の生き方（あるいは生活、人生）」となりますが、日本語の語感やメッセージの内容を考慮し、邦題は「パンデミック後の選択」といたしました。なお、二つのマリアへの祈りの付録としての収録は、日本語版独自のものです。この祈りは、すでにカトリック中央協議会のウェブサイトで訳文が公開されていますが、本書収録にあたって、若干の文言の見直しをしました。

パンデミック後の社会が、ただ単にパンデミック前に戻ることではなく、弱い人、貧しい人にいっそう寄り添う新たな世界の構築を選択できるよう、教皇の発するメッセージが、カトリック教会にとどまらず、一人でも多くの人に届けられることを願ってやみません。

カトリック中央協議会出版部

パンデミック後の選択

2020年 7 月22日 第1刷発行
2020年12月15日 第2刷発行

日本カトリック司教協議会認可

著　者　教皇フランシスコ
訳　者　カトリック中央協議会事務局
発　行　カトリック中央協議会
〒135-8585 東京都江東区潮見2-10-10 日本カトリック会館内
☎03-5632-4411(代表)、03-5632-4429(出版部)
https://www.cbcj.catholic.jp/

印 刷　大日本印刷株式会社

定価はカバーに表示してあります　ISBN978-4-87750-224-9 C0016

乱丁本・落丁本は、弊協議会出版部あてにお送りください
弊協議会送料負担にてお取り替えいたします